lisibilité partielle

VALABLE POUR TOUT OU PARTIE DU
DOCUMENT REPRODUIT

Couvertures supérieure et inférieure
en couleur

GARGANTUA

EN NORMANDIE

Étude Archéologique et Philologique

Par Louis DUVAL

Archiviste du département de l'Orne

Correspondant de la Société des Antiquaires de France

ALENÇON
IMPRIMERIE MARCHAND-SAILLANT
Rue du Cours, 7

1880

GARGANTUA EN NORMANDIE

Il n'est pas une seule province de France qui ne soit tributaire du génie de Rabelais ; pas une à laquelle le puissant satirique, que la Touraine revendique comme une de ses gloires, n'ait emprunté quelque chose de son langage populaire, de ses légendes, de son tour d'esprit. Que ne doit-il pas au Poitou où il a vécu si longtemps et où il comptait des amis si dévoués ? Le Poitou non plus ne s'est pas montré ingrat à l'égard de Rabelais. M. Poey d'Avant a écrit un mémoire intéressant sur l'analogie qui existe entre le *dialecte poitevin* et certains passages de Rabelais ; M. Léo Desaivre a montré dans un autre mémoire les transformations qu'a subies en Poitou le mythe de Gargantua, qui n'a rien de particulier au Poitou, puisque c'est un reste des croyances communes à toute la race celtique. M. Paul Favre, fils du savant éditeur niortais, auquel on doit plusieurs travaux philologiques remarquables, a voulu faire mieux. Il vient de nous donner une édition d Rabelais qui, nous l'espérons, ne sera pas moins bien accueillie des philologues que des *pantagruélistes.* Cette édition reproduit le texte des *Grandes Chroniques* de Gargantua, publié en 1532, et le texte du *Gargantua* et du *Pantagruel* donné par les éditions de 1542 et de 1567, accompagnés des commentaires de Le Duchat et de Pierre Le Motteux.

Ce dernier appartenait par sa naissance à la Normandie ; il était originaire de Rouen, quoiqu'il ait écrit son commentaire en anglais ; la révocation de l'Edit de Nantes l'avait forcé à quitter son pays natal et à s'exiler en Angleterre. Son commentaire est curieux et mérite d'être consulté. Toutefois, nous pensons, avec de Thou, qu'aucune des *clefs* de Rabelais n'est complètement satisfaisante. Rabelais, évidemment, s'est inspiré des observations qu'il avait pu recueillir dans le cours de sa vie aventureuse, ou que son immense mémoire lui fournissait. Mais, il ne semble pas douteux qu'il a voulu peindre des types, créés par son imagination, et non faire des portraits. Il n'en est pas moins curieux de connaître les modèles dont Rabelais a pu se servir, les sources où il a puisé. Pour cela, il est nécessaire de s'éclairer des renseignements, des rapprochements fournis par les commentateurs. Rabelais, s'il faut en croire le cardinal du Bellay, a écrit sous une forme bouffonne et satirique l'Evangile des honnêtes

(1) *Œuvres de Rabelais*, édition nouvelle, collationnée sur les textes revus par l'auteur, avec des remarques historiques et critiques de Le Duchat et Le Motteux, publiée par Paul Favre, Paris, H. Champion, cinq volumes in-8°.

gens : on comprend qu'un tel livre ait ses
exégètes et ses massorètes. Ceux-ci seulement
n'ont pas la prétention d'être infaillibles. Notre
compatriote Le Motteux occupe parmi eux
une place distinguée.

Quoique Rabelais n'ait pas habité la Normandie, ses œuvres contiennent un certain nombre de passages où l'on retrouve quelques-unes de nos traditions locales, quelques-uns des proverbes si chers au « pays de sapience ». Rabelais, il ne faut pas l'oublier, a habité le Maine et le Perche, soit comme prieur ou curé de Saint-Pierre-de-Souday et de Saint-Christophe-du-Jambet, soit comme commensal des du Bellay. M. H. Chardon, qui vient de consacrer à Rabelais un article publié dans la *Revue du Maine*, paraît même redouter pour sa province que le nom du titulaire de la cure de Saint-Pierre-du-Jambet, que Rabelais, dit-on, appelait sa « Jambe de Dieu », n'y devienne, grâce à lui, trop célèbre. Ces craintes ne sont peut-être pas sans fondement. Quant à Rabelais, il ne semble pas avoir gardé le meilleur souvenir de ses relations avec les Manceaux et les Percherons. Dans son cinquième livre du Pantagruel, chapitre XXXI, il les représente tapis, près d'Ouï-dire, derrière une pièce de velours à feuilles de menthe (1) et s'exerçant de jeunesse à l'art de témoignerie : « si bien que partans du lieu et retournez en leur province, vivoient honnestement du métier de témoignerie, rendans sûr témoignage

(1) Menthe, lisez *mente*, menterie.

de toutes choses à ceux qui plus donneroient par journée, et tout par oui-dire. Puis nous avertirent cordialement qu'eussions à épargner vérité, tant que possible nous seroit, si voulions parvenir en cour de grands seigneurs ». Nous aimons à croire que ce portrait des Manceaux et des Percherons a cessé d'être ressemblant.

I

Dans ses *Grandes Chroniques de Gargantua*, Rabelais raconte que Grant-Gosier et Galemelle, se disposant à passer la Manche, sur les confins de la Normandie et de la Bretagne, prirent chacun sur leur tête le rocher qu'ils avaient apporté d'Orient et se mirent en la mer. « Et quant Grant-Gosier fut assez avant, il mist le sien sur la rive de la mer, lequel rochier à présent est appelé le mont Sainct-Michel. Et mist ledict Grant-Gosier la pointe contre mont : et le puis prouver par plusieurs michelets (1). Galemelle vouloit mettre le sien

(1) *Michelets* ou *miquelets*, nom que l'on donnait aux pélerins du Mont-Saint-Michel. Les bandits qui autrefois infestaient les environs des Pyrénées portaient le même nom.
Rabelais dans le chapitre xxxviii du livre 1er parle encore des *michelots*, à propos des six pélerins que Gargantua mangea en salade. Les pélerinages du Mont-Saint-Michel, dans lesquels figuraient souvent des troupes d'enfants qui, selon le Duchat, « prennent cette occasion pour gueuser », avaient donné lieu au proverbe suivant : « Les grands gueux vont à Saint-Jacques-en-Galice et les petits à Saint-Michel. »

contre, mais Grant-Gosier dist qu'elle n'en feroit riens et que il le falloit porter plus avant. Et est ledit rochier, de présent, appelé Tombelaine. »

La même légende se retrouve, avec différentes variantes, dans les vieux conteurs Bretons qui se sont inspirés des traditions celtiques, dans l'histoire d'Arthur, dans le roman de Brut.

Il existe dans plusieurs provinces de France et particulièrement en Normandie un grand nombre de pierres celtiques qui portent le nom de Gargantua. A Craménil-sur-Rouvre, canton de Briouze, se voit un des plus beaux menhirs du département de l'Orne, connu sous le nom de la *pierre à affiler* de *Gargantua* auquel se rattache la légende si curieuse qu'on lira ci-après.

En sortant de Saint-Germain-du-Corbéis, par l'ancien chemin de Saint-Barthélemi, à mi-côte, près du vieux chemin qui descend au moulin, existait autrefois une roche, détruite lors de la construction de la nouvelle route, sur laquelle on remarquait un creux d'environ 60 centimètres, qu'on disait être l'empreinte du pas de Gargantua.

M. l'abbé Cochet, dans son *Dictionnaire topographique de la Seine-Inférieure*, nous apprend qu'à Tancarville on montre le siége de Gargantua (1), sa chaise à Saint-Pierre-de-

---

(1) Cette pierre connue sous le nom de *Pierre gante*, passe pour avoir servi de siége à un géant qui se lavait les pieds dans la Seine.

Varengeville, à Veulettes son tombeau. Son petit doigt est resté à Varengeville-sur-Mer, son cheval, à Fresles.

Dans le département de l'Eure, M. le marquis de Blosseville signale le *siège de Gargantua*, conservé à Port-Mort, sur la route des Andelys à Vernon et la *Pierre à affiler de Gargantua*, menhir situé à Neaufles-sur-Risle, sur les limites du département de l'Orne.

L'origine de cette dénomination est expliquée par une légende populaire recueillie par Vaugeois (1).

« Le peuple, qui appelle ce menhir la *Pierre à Gargantua*, attache à cette dénomination, comme à plusieurs autres monuments celtiques, une fable analogue à tous les contes qui ont été faits sur ce géant célébré par Rabelais, mais qui sûrement n'est pas de son invention. Les paysans racontent donc (ce que peut-être ils croyaient autrefois, mais ils le disent aujourd'hui en riant) que Gargantua venant de finir sa journée, pendant laquelle il avait fauché dix-huit acres de prairies et n'ayant plus besoin de sa pierre à faux, la jeta, du haut de la côte sur laquelle il passait, dans la vallée où elle s'est plantée debout et que c'est elle que nous voyons aujourd'hui. »

A Dormont près Vernon une hottée de terre jetée par Gargantua a suffi, dit-on, pour former deux tumuli bien connus des antiquaires normands.

(1) *Histoire des antiquités de la ville de Laigle et de ses environs*, p. 27.

Près d'Argentan, entre la rivirée de Baise et le ruisseau de Sarceaux qui prend naissance dans plusieurs fontaines dont la plus renommée porte le nom de fontaine de Michon existe un mamelon calcaire connu sous le nom de butte du Hou, sur le versant du quel on remarquait, il y a une trentaine d'années, un tumulus auquel on attribuait une origine semblable. D'après les légendes locales, recueillies par Chrétien, de Joué-du-Plain, c'était l'œuvre d'un géant d'une taille si élevée qu'il enjambait les hayes et les arbres comme on passe sur les herbes ; il n'était arrêté dans ses voyages ni par les rochers les plus élevés, ni par les rivières les plus larges. Avec cela il était doué d'une grande force, car un jour voulant honorer la mémoire de quelques braves morts pour la patrie, il prit une poignée de terre à Grogni, et forma ainsi une excavation qui s'appelle aujourd'hui la *mare de Grogni*. Il mit ensuite cette terre dans une de ses poches et alla la déposer sur leur tombe. Telle est l'origine du tumulus de la butte du Hou, qui, de temps en temps, dit-on est encore visitée par ce géant.

Chrétien rapporte que, d'après les légendes du pays, le tumulus des Hogues, situé sur la commune de Cuigni, près de la rivière d'Orne a également été élevé par des géants.

J'ai gardé pour la fin la légende très-remarquable relative à la pierre de Craménil, dont je dois communication à M. L. de La Sicotière.

Cette légende, insérée par Chrétien, de Joué-du-Plain, dans ses *Veillerys Argentenois*, peut être citée comme un échantillon des choses curieuses que renferme un manuscrit dont la publication serait certainement accueillie avec faveur. *Les Veillerys Argentenois* se composent d'une série de scènes champêtres, d'études d'après nature, entremêlées de récits populaires, de légendes, d'observations archéologiques, etc. Ce recueil conçu sur un plan différent des *Veillées Percheronnes* de l'abbé Fret et beaucoup plus varié, me paraît plein d'intérêt. L'étude des mœurs et coutumes d'autrefois présente, en effet, d'autant plus d'intérêt que le principe même de l'égalité tend à faire disparaître rapidement les traits caractéristiques qui autrefois distinguaient les différentes classes de la société. Quant à ces contes populaires, jadis dédaignés des savants, dans lesquels se reflète l'image des temps qui n'ont pas eu d'historiens, les travaux de MM. de la Villemarqué, Muller, etc. nous ont appris le parti que la mythologie comparée peut en tirer.

La légende du menhir de Crâménil, beaucoup plus développée que celle du menhir de Neaufle-sur-Risle, citée plus haut, nous montre Gargantua aux prises avec saint Pierre : le dieu celtique, sûr de sa force, engage la lutte avec courage ; mais l'apôtre juif ayant pour lui la ruse, finit par triompher. Est-ce s'abuser que de voir dans ce récit un souvenir de la lutte soutenue contre les missionnaires chrétiens par les derniers défenseurs du paganisme, et de la défaite définitive de ces derniers ? Le lecteur va être à même d'en juger.

« Le diable, autrement Gargantua ou le Géant, envoya un jour un défi à saint Pierre pour faucher. Saint Pierre accepta, et l'on convint de se trouver sur Crasménil, car la place était difficile, les champs étaient couverts çà et là de gros rochers qu'il faut savoir éviter, et le grain si court et si glissant qu'à peine on peut le saisir. Gargantua monta dans son chariot traîné par trois démons, s'étant muni de sa faulx et de son *olivier* (1) garni de sa pierre affiloire. Il venait de loin, car il voyageait depuis longtemps, lorsqu'il parvint dans la contrée, avec un fracas si grand qu'on crut entendre un tremblement de terre à plusieurs lieues à la ronde ; les côtes, les rochers, rien ne l'arrêtait ; mais balançant sa tête décrépite et se dressant sur le bout de ses pieds en forme d'ergots, pour mieux se fixer sur son siège, il pensa plusieurs fois tomber en faisant la culbute. « Par ma barbe, dit-il, les guérets sont rudes dans ce pays. » Ayant encore éprouvé une violente secousse, en heurtant contre une roche énorme : « Oh là, dit-il, voilà une motte qui est dure comme du fer. »

(1) Olivier, sorte de vase allongé dans lequel le faucheur met sa pierre à aiguiser, et qu'on nomme dans certains cantons de l'Orne *couie* ; aux environs d'Argentan, cet ustensile s'appelle un *coffin* (du latin *cophinus*), de même qu'au moyen-âge le mot *coffis* servait à désigner le carquois qui avait à peu près la même forme que le *coffin*.

« Enfin commença l'entrevue, Gargantua salua saint Pierre de la main ; saint Pierre lui rendit son salut en s'inclinant avec dignité. Alors Gargantua fit trois sauts en avant, deux en arrière, puis un en avant; et saisissant la calotte rouge, dont il ornait son chef, il allait, comme un élégant d'aujourd'hui passer la main sur ses cheveux pour les placer avec grâce, lorsque dans cette opération elle se trouva arrêtée par une de ses cornes; c'est alors qu'il résolut de s'incliner encore une fois profondément. Pour en finir, les pourparlers ne furent pas longs : le concours commença; saint Pierre, en homme adroit, se mit près d'un bloc de granite et tourna tout autour. Gargantua voulut suivre, mais en vain, car sans s'en douter il avait plus de besogne à faire ; il avait donc beau se démener, il n'arrivait pas. Enfin, pour la troisième fois, il s'écria : *Afifilamus, Petre*, et saint Pierre de toujours aller et de répondre : *Non affilemus, diavole*. Cependant Gargantua voulant prendre à la hâte sa pierre pour affiler, la tira de son *olivier*, mais voyant que saint Pierre gagnait encore du terrain, il la lança loin de lui, pour tenter un dernier effort. Alors voyant qu'il ne pouvait venir à bout de regagner le temps perdu, il s'avoua de bonne grâce vaincu. Saint Pierre, content de sa supériorité, quitta Gargantua en le complimentant d'un air bénin, pour se rendre à son poste. et Gargantua monta dans son chariot, sans penser à sa pierre affiloire qui était tombée debout dans l'herbage du Grand-Douit.

« Cette pierre a douze pieds d'élévation, elle est d'une belle qualité de granite, et offre quatre faces bien marquées dont les quatre angles correspondent aux quatre vents principaux; l'herbage où elle se trouve est uni et le paysage sans effet....... »

Un proverbe qui montre l'authenticité et l'ancienneté de cette légende s'est conservé aux environs de Crâménil, où l'on dit communément : « Faire couper comme la pierre de Gargantua »

Il est évident que dans la légende recueillie à Crâménil, nous avons affaire non plus à un géant débonnaire et glouton, remarquable seulement par un développement prodigieux des forces physiques, et sans aucun caractère divin, mais à un dieu véritable, à un génie déchu, relégué au rang des démons par la croyance populaire.

On trouve de même en Poitou une légende où l'on voit Gargantua essayant de disputer le terrain aux héros chrétiens qui devaient remplacer les dieux du paganisme. Sainte Macrine poursuivie par Gargantua, après avoir passé le gué de Malvau (Mala Vallis, lieu mal hanté), s'était refugiée dans l'île de Magné, au milieu d'un champ où les paysans semaient de l'avoine. Dieu prenant en pitié la détresse de sa servante, fit subitement croître l'avoine presque à hauteur d'homme. A cette vue Gargantua stupéfait abandonna sa poursuite ; mais avant de disparaître pour toujours il nettoya ses sabots et forma ainsi le tertre de la Gorette et celui de Sainte-Macrine, célèbre par les superstitions qui s'y pratiquent dont l'origine paraît antérieure au christianisme.

Il est impossible à mon avis, de mieux raconter sous une forme symbolique et populaire la destruction définitive des croyances auxquelles restèrent si longtemps attachés les habitants des campagnes (*pagani*, païens, paysans). Lorsque la transformation de l'ancien culte en une religion toute spiritualiste fut accomplie, « le mépris public suivit longtemps, les derniers païens dans les retraites inaccessibles où ils allèrent chercher leurs dieux vaincus, dont le souvenir s'éteint peu à peu dans les traditions populaires (1). Bientôt les

---

(1) Dans la *Tarane*, par exemple, on a peine à reconnaître ce dieu du tonnerre (*tarann*, en bas-breton signifie tonnerre, d'après D. Martin) hypostase d'Esus, dont parle Lucain dans le 1er livre de la Pharsale (v. 446) :

Et Taranis, Scythiæ non mitior ara Dianæ.

La Tarane est un génie polymorphe qui apparaît la nuit tantôt sous une forme, tantôt sous une autre. « On l'a vue partout, dit Chrétien ; mais quelques-uns disent que c'est un génie, un diable, que sais-je. Celle du Hamel de Loucé était disait-on un homme... Elle s'attaquait, comme toutes les autres, aux chiens, les mettait en lambeaux et quelquefois les dévorait. » Dans le pays d'Auge, on donne ce nom à une sorte de revenant qui effraye beaucoup les paysans et surtout les jeunes filles. — *Les Veillerys Argenténois*, chap. XIV (mss). — L. Dubois, *Recherches sur la Normandie*, p. 311-313. (De la Tarane).

géants les plus terribles n'inspirèrent plus de frayeur et les enfants apprirent à rire à leurs dépens. Seule, la légende chrétienne rend hommage à la divinité qu'on leur conteste en les mettant en présence des derniers convertisseurs des Gaules, (1). »

Tous ceux qui ne sont pas étrangers à l'étude de l'archéologie reconnaîtront la justesse de cette remarque. La transformation des divinités du paganisme en démons est un fait que l'on rencontre à chaque pas dans les légendes des saints (2). Il est aussi à remarquer qu'en général un mauvais renom est resté attaché aux monuments de l'ancienne religion

(1) Léo Desaivre, *Gargantua en Poitou* (*Revue de l'Aunis, de la Saintonge et du Poitou*, 10e volume, 1869.)

(2) Il n'est pas sans intérêt de rapporter ici un passage d'Oderic Vital (*Hist. ecclés.* l. v. p. 322 de la traduction de Louis Dubois :
« Le démon que saint Taurin avait expulsé de l'autel de Diane resta longtemps dans la même ville et se présenta fréquemment sous diverses formes; mais il ne put nuire à personne. Le vulgaire l'appelle Gobelin (*Gobelinus*), et assure que, jusqu'à ce jour les mérites de saint Taurin l'ont empêché de nuire aux hommes. Comme il avait obéi aux ordres du saint évêque en brisant ses propres statues, il ne fut pas à l'instant replongé dans l'enfer, mais il subit sa peine dans le lieu où il régnait. »

Julien Pitard, dans sa *Notice sur les seigneurs de Domfront*, à propos de la destruction de ce prétendu temple de Vénus ou de Cérès, attribuée à saint Bômer, mentionne une tradition analogue : « Je ne sais, dit-il, si quelqu'un ne s'imaginera point que ce lutin qui aimait tant à rire et dont le peuple de Domfront fait de si plaisants contes,

lorsqu'ils n'ont pas été adoptés par la nouvelle. Presque tous nos monuments dits celtiques sont dans ce cas.

Telle est, au reste la conclusion adoptée par le laborieux antiquaire qui nous a conservé la légende de Craménil. Comme nous, Chrétien voit dans ces récits fabuleux le produit spontané de l'imagination populaire, frappée du discrédit dans lequel tombèrent les monuments et les dieux de l'ancienne religion lorsque le christianisme, tardivement introduit dans nos contrées, fut devenu la religion officielle. « De là, dit-il, les noms de *Gargantua*, de *Tue-la-Mort* ou de *Folie*, sous lesquels on le désigne souvent... Pour en revenir à la pierre levée de Craménil, dans ce qu'on raconte du concours entre saint Pierre et le diable, on a voulu figurer le triomphe de l'apôtre qui représente sous le nom de Gargantua, le diable ou génie sous le nom de *Gobelou*, était encore le même démon qui s'y faisait adorer en ce temps-là *(Annuaire de l'Orne*, partie hist. 1869, p. 23).

Cassien qui florissait à Marseille dans la première moitié du v⁰ siècle, assimile le Gobelin au dieu Faune et dit qu'il se plait surtout à jouer des tours aux passants, mais sans leur faire de mal (Cassiani *Collationes Patrum*, VII, cap. 32. — Du Cange au mot *Gobelinus*.)

La croyance au Gobelin s'est conservée jusqu'à nos jours. Le Gobelin prend souvent la forme d'un cheval et s'amuse à jeter dans les fossés ou dans quelque mare ceux qui ont l'imprudence de monter dessus. L. Dubois a consacré un article au Gobelin, appelé aussi *Cheval Bayard* (*Archives annuelles de la Normandie*, 1ʳᵉ année, 1824, p. 243-246). En Poitou le même lutin est connu sous le nom de *Cheval Mallet*.

malfaisant et qui venait d'être vaincu ou renversé.

Les habitants de Craménil ont longtemps eu une réputation suspecte, qui a fini par disparaître en prenant une teinte de ridicule. On les appelait, d'après Chrétien (1) : « Les sorciers de Craménil qui font coucher les loups dehors », c'est-à-dire des sorciers qui ne le sont pas.

II

L'antiquité du type de Gargantua établie, essayons de retrouver la signification de ce mythe.

Les légendes recueillies par les anciennes Chroniques du pays de Galles représentent le héros Gurgant Brabtruc (*à la barbe effrayante*), comme le fils de Belenus. Or Belenus est depuis longtemps connu comme le dieu de la lumière ; c'était le Baal ou l'Apollon des Gaulois. La racine de ce nom, en langue sanscrite, signifie briller. Le mons Belenatensis, près de Riom, lui était consacré. On lui associait la déesse Belisama, dont le nom rappelle celui de notre ville de Bellême, *Belismum* (2).

Tombé, bien avant Rabelais, dans le domaine des contes populaires, le prototype de Gargan-

---

(1) *Almanach Argentenois*, pour 1842, p. 111. — Canel, *Blason populaire de la Normandie*. T. I, art. *Craménil*.

(2) V. *Le dieu gaulois Belenus, la déesse Belisama*, par d'Arbois de Jubainville. (*Revue archéologique*, T. xxv, 2ᵉ série).

tua paraît moins facile à retrouver. On sait que la racine de ce nom est *garg*, bouche, gosier. Les travaux de MM. Bourquelot et Gaidoz ont révélé le dieu celtique sous le déguisement à la faveur duquel il a échappé à la prescription qui a atteint les grands dieux de l'Olympe. Notre ami Léo Desaivre a retrouvé en Poitou quelques fragments de sa légende. Mais, ce que ces savants n'ont pas remarqué, c'est que l'histoire du Mont-Saint-Michel et celle du Mont-Gargan contiennent des éléments communs qui peuvent servir à reconstruire le mythe personnifié dans Gargantua.

Tout le monde sait que le mont Sant'-Angiolo, en Calabre, célèbre dans l'antiquité sous le nom de *Gorgantus mons*, ne l'est pas moins aujourd'hui comme lieu de dévotion consacré à saint Michel. Il s'y pratique une superstition que je ne puis m'empêcher de noter, parce qu'elle rappelle ce qu'on observe à la chapelle de saint Ortaire, près Bagnoles-de-l'Orne (1). Tout comme nos paysans bas-normands, les Calabrais, lorsqu'ils sont atteints de douleurs, suspendent aux branches des arbres des pierres qu'ils supposent avoir la vertu d'emporter le mal.

On peut remarquer que les anciens observaient la même pratique, particulièrement à l'égard de Mercure (2), auquel notre saint

(1) *Saint Ortaire et la chapelle du Bézier*, 2ᵉ édition p. 24-25. La Ferté-Macé, veuve Bouquerel (1879) in-8°, 32 p.

(2) « Augmenter d'une pierre le monument de Mercure, dit Salomon, c'est rendre hommage à la folie » (*Proverbes*, chap. XXVI, vers 8).

Michel, dans la légende chrétienne, a emprunté quelques-uns de ses principaux attributs. M. Fleuriot de Bellevue a signalé notamment, dans le pays d'Aunis, des amas de pierres souvent considérables, placés sur le sommet des collines, et qui étaient des signes indicateurs des chemins que l'on consacrait à Mercure. Tous ceux qui passaient auprès de ces monuments se faisaient un devoir d'y ajouter une pierre. Les montagnards du Dauphiné et de la Savoie observent encore aujourd'hui la même pratique, d'après M. Héricard de Thury. Il est rare de voir un guide ne pas remplir ce devoir religieux (1).

Depuis la plus haute antiquité, notre Mont-Saint-Michel paraît également avoir été un centre religieux très-renommé. Belenus, d'après les historiens du Mont-Saint-Michel, y était honoré ainsi que sur le rocher voisin qui a conservé le nom de Tombelaine, *Tumba Beleni*. Il paraît que les Romains bâtirent à son sommet un temple à Jupiter, dans le but de substituer leur dieu national à une divinité gauloise. Une troisième transformation du même culte eut lieu au VII° siècle. A l'imitation de ce qui avait eu lieu pour le mont Gargan, on résolut, à la suite d'une apparition de l'archange, de consacrer ce mont à saint Michel.

Ainsi, entre la légende du mont Gargan et celle du mont de Belenus, l'analogie est complète. De part et d'autre, c'est saint Michel

(1) (*Bulletin monumental*, T. I, p. 62-63).

qui a été substitué à une divinité païenne. L'on peut en conclure que Belenus et le dieu honoré au mont Gargan devaient avoir des attributs semblables.

En racontant que le Mont-Saint-Michel doit son origine Grant-Gosier, père de Gargantua, l'auteur des Grandes Chroniques est donc resté fidèle à la tradition mythologique et, sans le savoir, nous a fourni une indice précieux.

D'autre part, la ressemblance que présente le type de Belenus assimilé à Horus, à Apollon à Mithra, à Mercure, avec les mythes solaires d'Hercule et de Samson est trop frappante pour qu'il soit nécessaire d'insister sur ce point. C'est ainsi que M. Gaidoz a pu voir en Gargantua le dernier terme de la dégradation d'un mythe solaire consacré par la religion de nos ancêtres.

Notons, en passant, que l'un des sommets de l'Ida, le plus élevé, portait le nom de mont Gargan et que Jornandès cite une autre montagne de l'Asie mineure désignée sous le même nom.

Près de Rouen, nous avons le *Mont-Gargan* sur lequel s'élevait le prieuré de Saint-Michel-du-Mont-Gargan. Dans la même ville, le jour de la fête de saint Romain, on vendait de petites figurines ithyphalliques, connues sous le nom de *garyans*; les jeunes filles les mettaient dans leur corsage dans l'espoir de trouver plus facilement un mari (1). Ainsi, Gargan ou

(1) *Gargantua*. Essai de mythologie celtique, par H. Gaidoz, (*Rev. arch.* TXVIII, 2ᵉ série).

Gargantua aurait hérité des attributs du dieu Priape (2). Remarquons encore que saint Romain, à l'instar de saint Michel, est surtout célèbre par la destruction de la *Gargouille*, dragon monstrueux en qui l'on reconnaît la personnification du paganisme. La légende de la destruction de l'antique dragon se retrouve dans un grand nombre de localités. Nous avons le serpent de Coutances, le serpent de Bayeux, étranglé par saint Vigor et jeté dans la rivière, le serpent de Paris, tué par saint Marcel, le serpent du Mans, tué par saint Julien, la Grand'Gueule de Poitiers, le serpent de Niort, la *tarasque* de Tarascon, etc. Nous avons enfin, dans le département de l'Orne, la légende du serpent de Bailleul.

Faut-il prendre au sérieux l'étymologie du nom de *Mont-Gargantin* donnée par le chanoine Le Paige dans son dictionnaire historique du Maine, à la colline voisine de Domfront, beaucoup plus connue sous le nom de Mont-Margantin? Nous ne le pensons pas. En effet dans le diplôme de Louis-le-Débonnaire de 832, contenant l'énumération des métairies construites par saint Aldric, évêque du Mans, on trouve mentionné le Mont-Mercantin, dans lequel il est difficile de ne pas reconnaître notre Mont-Margantin. D'où l'on conclut que le plus ancien nom de ce mont célèbre n'est pas Mont-Gargantin, mais Mont-

(2) *Baal-Peor* ou Belphégor avait de même les attributs de *Priape*. (Nouvelle galerie mythologique n° 595 a.)

Mercantin, plus rapproché de la forme vulgaire actuelle.

Ce qui est certain c'est que ce mont paraît avoir été l'objet de superstitions dérivées du culte rendu dans l'antiquité au dieu-Soleil, Apollon, Belenus (Baal), Mithra.

Ces cérémonies superstitieuses avaient lieu principalement la veille de la Saint-Jean, au lever du soleil, ou plutôt des soleils, car le 24 juin, dit-on, on en voit trois du sommet de la montagne. Des réunions suspectes qualifiées d'*assemblées de sorciers*, avaient lieu ce jour là sur le Mont-Margantin. Elles ont été décrites d'une façon fantastique et avec des amplifications grotesques dans une lettre intitulée *Réponse de la lettre écrite à M. le curé de Domfront*, conservée dans les papiers de Caillebotte, qui m'a été communiquée par M. Urbain Patou. On en trouve une analyse dans l'*Orne archéologique et pittoresque* (p. 131). On sait que le Mont-Margantin est le terme de la procession de saint Ernier dite le *grand tour*.

Les feux de la Saint-Jean et de la Saint-Pierre, encore en usage dans beaucoup de localités, n'ont pas d'autre origine que la fête du solstice. M. de Charencey, dans un mémoire sur les *Traditions populaires du département de l'Orne*, raconte que dans le sud de de l'arrondissement de Mortagne l'on fait un cercle de substances inflammables à quelque distance d'un mât, érigé pour la circonstance. L'assistance danse en rond pendant l'incendie, tout en se tenant en dehors du cercle. Aux environs de Mamers, par suite du malheur arrivé à une jeune fille qui, il y a quarante ans environ, avait été brûlée vive, on prit le parti de former la ronde en dedans du cercle ou de la roue enflammée (1).

On sait qu'à Paris le roi venait en grande pompe allumer le feu dressé sur la place de Grève autour d'un *mai* au haut duquel on attachait un tonneau ou un panier rempli de chats. On reconnait dans cette cérémonie une atténuation du rite barbare décrit par César et par Strabon.

« Les druides en effet, à certains jours, faisaient une grande statue de foin, à l'entour de laquelle ils dressaient un buscher et y jettaient un grand nombre d'hommes vivans et de bestes ensemble, pour rendre leur sacrifice plus solennel. » L'auteur des *Mémoires des Gaules*, auquel j'emprunte cette citation dit dans un autre passage : « Leurs sacrifices estoient horribles et diaboliques.... Aucuns dressoient des statues d'une grandeur démesurée, les membres desquelles estoient tissus de coudre, lesquels ils emplissoient d'hommes vivans ; en y mettant après le feu, les faisoient là cruellement souffrir (2) ».

On sait que ces horribles rites étaient spécialement consacrés à Teutatés, dans lequel on reconnait une divinité analogue au Thot

(1) *Mélusine, recueil de mythologie*, p. 93.
(2) Dupleix, *Mém. des Gaules*, p. 40 et 44.

des Egyptiens, et au Mercure des Grecs et des Latins, que César cite comme le principal objet du culte des Gaulois. Tite-Live parlant de certains tumulus les appelle Mercure-Teutatès. On sait aussi qu'au sommet du Puy-de-Dôme, centre religieux vénéré de toute la Gaule, s'élevait une statue de Mercure, œuvre de Zénodore, qui, d'après Pline, surpassait en grandeur toutes les statues de l'époque.

Ainsi, par suite de la confusion ou du syncrétisme que nous avons signalé, le géant Gargantua semble rassembler en sa personne quelques-uns des traits communs aux différentes divinités du panthéon Gaulois.

On peut voir dans le *Magasin pittoresque* (T. I, p. 97) la représentation de l'idole gigantesque dans laquelle étaient enfermées les victimes humaines immolées à Teutatès.

Le même recueil (année 1833, p. 13) cite un fait curieux que l'on est tenté de rapprocher des nombreux cas *d'atavisme* observés par les physiologistes. En plein XVIe siècle, on vit un farouche Ligueur, Louis d'Orléans, absolument comme au temps des druides, émettre le vœu que les bûchers de la Saint-Jean, où l'on n'immolait plus que quelques chats, fussent ramenés à leur forme primitive et qu'on y jetât des victimes humaines, pour purger le royaume des hérétiques et se débarrasser du Béarnais, leur chef.

« Il fallait, dit-il, les bailler aux Seize de
« Paris, afin de faire offrande à Saint-Jehan
« en Grève et que, attachez comme fagots,

« depuis le pied jusqu'au sommet de cet arbre,
« et leur roi, dans la nuit où l'on met les
« chats, on eust fait un sacrifice agréable au
« ciel et délectable à toute la terre. »

En 1672, un prêtre du Merlerault, Claude
Le Febvre, fit diverses donations à l'église du
Merlerault, à la charge pour les trésoriers de
fournir « douze fagots bourrées, pour faire le
feu, la veille Sainct-Jean-Baptiste, chascun an,
au lieu nommé le Champ des Halles ou place
publique du bourg dudit Merleraoult ; et auquel feu assisteront le sieur curé du lieu, s'il
a pour agréable, et autres prestres originaires
de ladite paroisse, comme il est dit cy dessus.
A chascun desquels sera payé par ledit trésor
la somme de deux sols six deniers par ce
qu'ils seront tenus et obligez d'assister au dit
feu processionalement, partant de l'église du
dit lieu, revestus chascun d'une chappe, dont
deux seront choristes ; et commenceront à
chanter en la dite église avant que de sortir le
répond *Inter natos mulierum* etc. ; à la fin du
quel le sieur curé commencera le *Te Deum*.
Sur quoy l'on partira processionalement pour
aller au feu ; où estant arrivez, iceluy sera allumé par ledit sieur curé ou célébrant, à huit
heures du soir, pendant quoy l'on chantera
les hymnes en l'honneur de sainct Jean-Baptiste. Et en s'en retournant dudit feu, sera annoncé par ledit sieur curé ou autres l'antienne
de *Laudes* de la feste du dit sainct, puis après
le cantique *Benedictus* tout au long, puis
l'oraison de la feste. Et parce que ledit sieur

donateur désire que ce feu se fasse en la manière cy dessus de son vivant et commence la veille Sainct-Jean-Baptiste prochaine, il fera les frais qui y convient faire et payera à chascun desdits sieurs curé et prestres assistants les salaires cy devant déclarez et la somme de deux sols six deniers à celuy des clercs qui sonnera le carillon avant la procession et tout le cours d'icelle. (1) »

Longtemps proscrites par les évêques, notamment par saint Éloi, au VIIe siècle, les cérémonies pratiquées à l'occasion du solstice ont ainsi fini, grâce à un changement de nom, par obtenir droit de cité dans la liturgie catholique. Il en fut de même des attributs de plusieurs personnages de la mythologie. De même que chez les Grecs, Apollon, dieu de la lumière, vainqueur du serpent Python, présentait plusieurs traits communs avec Mercure, notre saint Michel est souvent représenté sous deux formes, tantôt combattant le dragon, tantôt chargé du *pèsement des âmes* (2) après la mort (psychostasie), à l'instar de Mercure psychopompe. Comme Mercure enfin, saint Michel a été désigné comme le patron des voyageurs et des marins.

---

(1) Archives de l'Orne, série G, cure du Merlerault.

(2) Le pèsement des âmes est représenté au portail ou sur les chapiteaux d'un grand nombre d'églises, à Saint-Lô, au Mans, etc.

III

Nous voilà loin du Gargantua de Rabelais. Je voudrais pourtant y revenir pour rappeler l'épisode bouffon qui termine les *Grandes Chroniques*. Il en ressort visiblement que l'auteur avait eu quelques rapports avec notre province et que la connaissance du blason populaire de la Normandie ne lui était pas étrangère.

D'ailleurs cet essai mythologique sur Gargantua, étudié surtout au point de vue normand, appelle une contre-partie. Rabelais lui-même ne s'est-il pas comparé à ces coffrets antiques, appelés Silènes, du nom du maître de Bacchus, pleins intérieurement d'essences précieuses, mais peints au-dessus de figures joyeuses et frivoles ? Le sel atique abonde en Rabelais, mais sans préjudice de la bouffonnerie gauloise. Ce serait se faire une étrange idée de l'auteur du *Gargantua* que de ne voir en lui qu'un évhémériste. La raison sous l'habit de la folie, le sens profond sous l'éclat de rire homérique, la verve exubérante d'Aristophane et de Shakespeare, unie à la sagesse de Socrate, voilà Rabelais.

A la fin des Grandes Chroniques, Rabelais raconte que lorsque Gargantua voulut prendre congé du roi Arthur, celui-ci lui offrit une escorte de cinq cents nobles d'Angleterre. « Mais « Gargantua ne voulut point de ses gens, car « il avoit peur de leur queue. » La *queue des*

Anglais était un thème de plaisanteries particulièrement cher aux Normands. M. Canel a écrit à ce sujet un spirituel article. Du Cange, au mot *Caudatus*, cite l'extrait suivant du poète Jean Molinet, mort en 1507 :

> Ce cat, nonne, vient de Calais ;
> Sa mère fut Cathau la Bleue,
> C'est du lignage des Anglais,
> Car il porte très-longue queue.

Gargantua donc « s'en vint tout seul droit
« en Normandie et s'en alla droit en Auge
« pour cause qu'il avoit ouy parler des citres
« du dit pays, et vint à Saincte-Barbe en Auge
« où il beut la valeur de mille cinq cens pon-
« sons de citre, car il les trouva bien doulx.
« Mais il s'en repentit bien après ; car le citre
« le commença à brouiller et bouillir par le
« ventre, en sorte et manière qu'il ne sçavoit
« qu'il debvoit faire, sinon se pourmener en
« se frottant le ventre. Et quant il fut à
« Bayeulx, il fut forcé qu'il se destachast ses
« chausses à la martingale (1) : et declicqua
« en sorte et manière qu'il couvrit toute la
« ville de citre qu'il avoit beu, en telle ma-
« nière que les rues ne sont pas encore bien
« nettes ; et pour ceste cause on les appelle
« *les foyreux de Bayeulx.* »

Rabelais, on le voit, n'ignorait pas que les meilleurs crûs de la Normandie étaient au

---

(1) On appelait chausses à la martingale des culottes dont le pont-levis s'attachait par derrière.

pays d'Auge. Dès le commencement du xiiie siècle, le cidre de la vallée d'Auge était déjà célèbre. Dans son poëme sur Philippe-Auguste, Guillaume le Breton vante « les pommes rouges et le cidre mousseux de la vallée d'Auge. » Vers 1100, Guillaume, comte de Mortain, avait donné aux chanoines de Saint-Evroul la dîme de Barneville en Auge (L. Delisle, *Etudes sur la condition de la classe agricole et l'état de l'agriculture en Normandie au Moyen Age*, p. 473-475).

Ce n'est pas au hasard que Rabelais a placé à Bayeux l'accident survenu à Gargantua. Les Bayeusains furent, dit-on, frappés d'une épidémie dyssentérique à la suite de l'injure qu'il avaient faite à leur évêque, saint Gerbold, en le chassant ignominieusement de leur ville. C'est à cette légende qu'il est fait allusion dans l'épitaphe burlesque, en patois normand, citée par Du Cange au mot *Senescallus* :

> Ci gist l'Encal (sénéchal) Cranctot ;
> Ly fut qui cacha (chassa) saint Gerbot.
> Len mal le prit le jour de Pagues,
> Denpeux (depuis) son ventre n'eut relague
> Ha Dieu ! combien il chia !
> Dite po ly *Ave Maria*.

On lit également dans la farce de Pathelin :

> Hé Dea ! j'ay le mau Sainct-Garbot,
> Suis-je des *foireux de Bayeux* ?

(1) La'*vaque* est un insecte du genre des coccinelles ; *moque* est la forme patoise de mouche.

Les playes Dieu ! qu'esse qui s'attache
A men cul ? Esse une vaque,
Une moque (1) ou un escarbot ?

Rabelais (*Gargantua*, livre I, ch. LVIII) cite le nom d'un évêque de Sées, saint Goderan ou Godegrand qui, d'après la tradition populaire, aurait tiré une vengeance moins cruelle d'une injure plus atroce. Godegrand, promu à l'évêché de Sées vers 765, était, dit-on, issu des comtes d'Exmes ou Hiémes. Ennuyés de ses prédications continuelles, les Hiémois l'auraient enfermé dans un tonneau qu'ils firent rouler du haut en bas de la butte d'Exmes. Saint Godegrand se contenta de les condamner à aboyer comme des chiens jusqu'à ce qu'ils eussent fait pénitence. Telle serait, d'après le dicton qui a cours dans le canton, l'origine des armes de la ville d'Exmes : *d'azur à deux chiens affrontés et accolés*.

Poursuivons notre citation des Grandes Chroniques :

« Quant Gargantua eut faict ceste purge,
« s'en alla droit à Rouen, onquel lieu il beut
« bien cinquante cacques de bière : et por
« cause que la bière estoit en grant quantité
« dedans son ventre, elle commença à faire
« une opération ny plus ny moins que avoit
« faict le cistre : parquoy son povre petit
« ventre estoit bien malade. Et fut contraint
« Gargantua de destacher la martingalle de
« ses chausses et décliqua son povre broudier
« en telle manière et si merveilleuse impétuo-

« sité qu'il fist une petite rivière, laquelle on
« appelle encores de present Robec et y voit-
« on encores de merdya culis (1). Toutesfois
« Gargantua leur fist un grant service : car à
« cause qu'il avait tant bu de cistre et de
« bière la rivière estoit bonne pour faire de
» bierre, et y a-t-'on faict bonne biere, espesse
« et moussante et à cause de l'eau de la
« source de ce broudier. »

La bière était jadis la boisson ordinaire des habitants de Rouen. Un contemporain de Rabelais, Julien de Paulmier, dans son *Traité du vin et du sidre* (Caen 1589), rapporte « que le cidre n'estoit anciennement si commun en Normandie qu'il est de présent ; et il n'y a pas cinquante ans qu'à Rouen et en tout le pays de Caux la bière estoit le boire commun du peuple, comme est de présent le cidre. »

Quant au Robec, c'est probablement par ironie que Rabelais prétend que ses eaux étaient bonnes à faire de la bière. Il suffit de rappeler que des tanneries et des ateliers de teinture étaient établis le long de cette petite rivière qui se jette dans la Seine près des ponts de Rouen. Il est vrai qu'à cette époque, pas plus qu'aujourd'hui, les brasseurs n'étaient pas toujours très-scrupuleux sur le choix des

(1) *Merdya culis*, lisez *Mercurialis*, plante de la famille des euphorbiacées, nommée vulgairement *foirande*, *foirolle* ou *foiroude* (Brébisson, *Flore de Normandie*), dont on se sert pour faire des décoctions laxatives. On s'en servait également autrefois pour composer le *catholicon*.

ingrédiens propres à fabriquer de bonne bière, témoin cet édit de 1625 où l'on lit : « La plupart desdits brasseurs, au lieu de se servir de bons ingrédiens, comme ils sont tenus par les ordonnances et réglements de police, composent les dites bières avec de l'eau épaisse et corrompue et pour la colorer et lui donner du goût haut et piquant, y font bouillir plusieurs mauvaises drogues, comme aussi, y mêlent plusieurs sortes d'épiceries les plus grossières, tellement que par ces matières et la crudité de la bière qu'ils ne font bouillir qu'à demi, pour épargner le bois, la peine et la journée des ouvriers, elle a des qualités toutes contraires à celles qui la font rechercher ; car au lieu de rafraîchir, désaltérer et nourrir, elle échauffe le sang, altère et cause des catarrhes, des fluxions, hydropisies, fièvres et autres grièves maladies. Les autres qui semblent apporter plus de considération que leurs compagnons à leur métier, rejettant ces mauvaises matières, emploient le plus souvent en la composition de leurs bières des grains et houblons moisis et corrompus, et ne lui donnent la cuisson qu'à demi, qui est pareillement cause qu'elle n'est ni saine ni de garde. »

Rabelais, dans plusieurs passages, a blasonné les Rouennais, en termes tels qu'il est difficile de les reproduire dans notre langue du xixe siècle ;

Le Gaulois, dans les mots, bravait l'honnêteté.

Mais il a parlé si doctement des tripes

qu'il est permis de soupçonner qu'étant allé à Caen, il a gardé mémoire de ce mets national, car comme dit M. G. Le Vavasseur :

> Nos villes du terroir normand
> Ont chacune aux yeux du gourmand
>   Leurs types ;
> Rouen va son sucre croquant
> Vire a ses andouilles, et Caen
>   Ses tripes.

Au prologue du second livre, parlant des soulagements que quelques uns de ses clients affligés de la maladie à la mode au seizième siècle (« je dis de la plus fine, comme qui diroit de Rouen » (1) recevaient de la lecture du Gargantua, Rabelais s'écrie victorieusement : « Trouvez-moy livre, en quelque lan- « gue, en quelque faculté en science que ce « soit, qui ayt telles vertus, propriétés et « prérogatives et je poieray chopine de trip- « pes. » On voit par là en quelle estime Rabelais tenait les tripes. Aussi parmi les auteurs qui composaient la fameuse bibliothèque de Saint-Victor, Rabelais cite-t-il à un rang honorable Beda, docteur de Sorbonne, surnommé le *Gros-soupier*, auquel il attribue un traité *De Optimitate triparum*. Mais, dit l'auteur des TRIPES :

---

(1). Rouen a toujours eu une réputation de débauche et ses habitants étaient appelés au XIIIe siècle : « Li garsilleor de Roan. »

Dans le *Triomphe de très-haulte et très-puissante dame Vérolle, royne du Puy d'Amours*, attribué à Rabelais, se trouve une figure représentant la *Gorre de Rouen*.

Pour moi, je pense que Cadmus
Ayant dérobé de Comus
Le Code,
En fondant la ville de Caen (1),
Nous en apporta quant et quant
La mode.

S'il a les tripes inventé,
Normands, vidons à sa santé
Nos pipes ;
La sève du pommier normand
Est faite pour l'arrosement
Des tripes.

Je ne puis mieux terminer que par ces couplets joyeux, qui rappellent la conclusion philosophique du livre de Rabelais et la réponse de l'Oracle, si longtemps cherchée par Pantagruel, une dissertation qui, au rebours de l'œuvre du grand satirique, semblera peut-être à quelques-uns d'une lecture plus laborieuse qu'instructive. Je ne me dissimule, en effet, ni la difficulté du sujet, ni l'insuffisance de mes recherches. Le principal mérite de cet

(1) *Cadomus*, nom latin de la ville de Caen dérive, d'après certains étymologistes, de *Cadmi domus*, la maison de Cadmus. Bourgueville de Bras fait honneur de la fondation de cette ville à *Caius* Julius César, d'où l'on aurait tiré *Caii domus* et *Cadomus*. D'autres enfin voulaient voir en *Cadomus* une contraction de *Casta domus*, « pour la continence que gardoient les citoyens hommes et femmes en pudicité ; et je désire, dit gravement le vieux Bougueville de Bras, que cette éthimologie là leur fust demeurée comme véritable. »

essai consiste probablement dans quelques citations intéressantes et dans quelques rapprochements plus ou moins ingénieux qui pourront je l'espére, ouvrir la voie à des recherches plus approfondies et plus complétes.

NOTES ET ADDITIONS

Page 7. — « Le fameux géant éternisé par Rabelais, Gargantua, qui passe parmi nos villageois pour avoir eu une influence très-grande sur la destinée de leurs pères, a partagé avec les fées le privilége d'établir son patronage sur les pierres druidiques et plus particulièrement encore sur les monuments naturels de forme gigantesque et singulière (1). »

Telle est, par exemple, la roche naturelle connue sous le nom de *Chaise* ou de *Chaire de Gargantua*, située dans la commune de Saint-Pierre-de-Varengeville, citée ci-dessus. M. Deville a trouvé, dans une charte du XIIe siècle, cette roche désignée sous le nom de *curia gigantis*.

D'après Hérodote et Pausanias, on montrait de même en Grèce « les colossales empreintes qu'Hercule et Persée avaient, disait-on, laissées de leurs pas (2). »

Les héros chrétiens ont donné lieu à des légendes semblables. Nous avons le *Pas-Saint-l'Hômer* (Orne) ; le Pas-Saint-Martin, Indre-et-Loire et Vienne).

**
* **

(1) Amélie Bosquet. *La Normandie pittoresque et merveilleuse*, p. 177.
(2) Maury. *Histoire des religions de la Grèce antique*, T. 1, p. 565.

Page 9. — Le tumulus de la butte du Hou contenait sept haches en pierre polie recueillies par H. Bailleul, maire de Sarceaux. Le tumulus des Hogues contenait également des haches en pierre. (*Rapport sur les monuments historiques de l'arrondissement d'Argentan*, par MM. de Caumont, de Brix et Galeron, 1835, p. 10 et 11).

Page 10. — Le menhir de Craménil est décrit dans le *Rapport* de MM. de Caumont, de Brix et Faleron (p. 7). Les paysans le nomment la Pierre de *Gargantua*.

*
**

Page 11. — Note, lire Couié.

*
**

Page 12. — L'homme à la calotte rouge reparaît dans la légende relative à l'origine des empreintes si curieuses que présente le Grès de Vaux d'Aubin (commune de Bailleul, canton de Trun). Ces empreintes sont de deux sortes ; les plus grandes en forme de pas de bœuf sont attribuées par les géologues à un Bilobite appelé *Cruziana Prevosti*, les plus petites, de forme ronde, sont rapportées au genre *Rysophycus*. D'après la légende populaire, ces dernières ont été formées « par les bouts de la canne que portait *l'homme à la calotte*, lorsqu'il chassait ses bœufs devant lui » (Morière, *Note sur le Grès de Bagnoles*, Caen 1878, in-8°).

On sait que le rouge jouait un rôle considérable dans la symbolique. « Le rouge a passé dans presque tous les temps et chez tous les peuples pour la reine des couleurs, » dit M. de Charencey. (1). Le rouge était chez les Egyptiens, consacré à Osiris, divinité solaire, (2) et en hébreu, le nom du premier homme, Adam, signifie « le rouge », « le glorieux. » C'était chez les Romains la couleur symbolique de l'été et du midi. C'était la couleur du dieu Pan qu'on représentait :

Sanguineis ebuli baccis minioque rubentem
(Virgile, *Eglogue* x).

*
* *

Page 14. — Ligne 3, lire la Garette.

*
* *

Page 15. — Il n'est pas inutile de rappeler que les noms de *cheval bayard* et *cheval malet*, aujourd'hui inusités, sont empruntés à l'ancien vocabulaire hippique.

On appelait *bayard*, au moyen-âge, un cheval bai.

Un cheval *malet* ou *mallier* était un cheval d'attelage, un *brancardier*.

*
* *

Page 16. — L'histoire des antiques religions

(1) *De quelques idées symboliques se rattachant aux noms des douze fils de Jacob*, p. 75 et 94.

(2) *Des couleurs considérées comme symboles des points de l'horizon chez les peuples du Nouveau monde*, p. 22.

de l'Inde présente la même série de transformations.

Dans le Véda, les dieux sont appelés *deva*, mot qui en Sanscrit signifie « brillant », la lumière étant l'attribut le plus général des différentes manifestations de la divinité, invoquée dans le Véda sous le nom du Soleil, du Ciel, du Feu, de l'Aurore ou de l'Orage.

Plusieurs siècles plus tard, après la réforme de Zoroastre, les *devas* (divus) furent rabaissés au rang des mauvais esprits.

Plus tard encore, dans le bouddhisme qui devint le culte public de l'Inde dans le troisième siècle avant Jésus-Christ, « nous trouvons les antiques devas, dit Max Müller, devenus simplement des êtres légendaires et montrés aux spectacles populaires comme des lutins ou des héros fabuleux. »

« On peut le dire de la religion comme du langage, dit Max Müller (1) ; tout ce qui est nouveau y est vieux, tout ce qui y est vieux est nouveau, et il n'y a jamais eu de religion entièrement nouvelle depuis le commencement du monde. L'histoire de la religion, comme celle du langage nous montre partout une succession de combinaisons nouvelles des mêmes éléments radicaux.

« Res ipsa quæ nunc religio Christiana nuncupatur erat apud antiquos (S. Augustini *Retr.* I, 13.

Ligne 16, *lire* sous lesquels on les désigne.

(1) *Essai sur l'histoire des religions*, p. VI.

*
* *

Page 20. — Hercule, après être devenu le dieu sauveur par excellence (*Sôtêr*), le dieu protecteur et bienfaisant qui éloigne tous les maux et envoie tous les biens aux hommes, finit par être transformé en une sorte de bon géant dont la légende, grossie de mille aventures bouffonnes, prit la place du mythe primitif. « La fantaisie populaire, dit M. Alfred Maury, le représente comme un être gigantesque et monstrueux, comme une sorte de Gargantua d'une force incroyable, d'un appétit vorace (*Pamphagos*, *Polyphagos*), rude buveur qui ne connaissait pas de bornes à ses désirs (1). »

On peut encore rapprocher de la légende de Gargantua le mythe des Cyclopes, personnifications de la foudre et des feux volcaniques qui furent de même transformés par la légende hellénique en une race de géants auxquels l'imagination populaire fit remonter l'origine des antiques constructions et, comme au moyen-âge, dit M. Alfred Maury (2) elle attribuait aux géants, aux fées, aux génies, au diable les restes de constructions celtiques dont l'aspect rappelle celui des constructions pélasgiques.

(1) *Hist. des religions de la Grèce antique*, T. I, p. 553.
(2) *Ibid.* T. I, p. 17.

*
* *

Page 26. — V. Du Cange au mot *Nedfri*.

L'ORIGINE DU NOM DE RABELAIS

Il existe au bourg de Langey une vieille maison appelée *le Rabelais* qui, d'après un manuscrit de l'abbé Bordas (1), rédigé vers 1780, aurait été bâtie par le cardinal du Bellay à l'usage de Rabelais. Sans nier absolument cette tradition, admise par le bibliophile Jacob et par M. Merlet (2), M. H. Chardon (3), fait remarquer qu'elle ne repose sur aucune preuve positive. Cette réserve fait honneur au sens critique de M. Chardon. En effet, il ne faut pas oublier que partout on rencontre des lieux dits « le Rabelais » ou « le Rablais » dont l'origine n'a rien de commun avec le nom de l'auteur de *Pantagruel*.

Dans la commune de Bérus (Sarthe), à peu de distance d'Alençon, nous avons *le Rablais*.

A Saint-Aubin-d'Appenai (Orne), nous trouvons un village et un château appelés *le Rabelais*, où jadis existait une chapelle dite *l'Erablaie*.

A Chantrigné (Mayenne), est le village de *la Rablais*, connu aussi sous le nom de *l'Erablay* (L. Maitre, *Dict. topogr. de la Mayenne*).

(1) *Rabelais, sa vie et les ouvrages*, p. 44.
(2) *Dictionnaire topogr. du dépt. d'Eure-et-Loir*.
(3) *Revue du Maine*, 1879, p. 229.

Cette double forme le Rabelais (ou la Rablais) et l'Erablay n'est-elle pas un indice qui met sur la voie de la véritable étymologie de ce nom ? Le Rablais ne paraît être qu'une mauvaise forme de l'*Erablay* ou l'*Erablais*. Telle est l'opinion de M. L. Maître. Ce nom de lieu est d'ailleurs assez commun dans l'Orne et dans la Mayenne où l'on trouve :

La chappelle des *Erabley* (en latin *Darableio*), commune de Pervenchères ;

Les Erablais, commune de Saint-Cénéré.

L'*Erablay*, communes de Brécé, de Javron, et de Saint-Barthevin-la-Tannière.

L'*Erable*, communes de Châtres, de Gennes, de Montourtier, de Rennes-en-Grenouilles, d'Ahuillé.

Vers le commencement du XIIIe siècle, un Richard des Erables *(de Erabliis)* fit une donation à l'abbaye d'Almenêches (1).

Dans les anciens plans du comté de Montgommery nous trouvons le *bosc des Erables* (Verneuillet, plan B).

M. Léopold Delisle, qu'il faut toujours citer quand on s'occupe de l'état de l'agriculture en Normandie au moyen-âge, fait observer que beaucoup de lieux ont tiré leur nom de l'érable, qu'on nommait dans la basse-latinité *arablium* et *erablum*. (1) On trouve ces deux

(1) *Archives de l'Orne*, série H, *Almenêches*.
(2) *Etudes sur la condition de la classe agricole et l'état de l'agriculture en Normandie au moyen âge*, p. 353.

formes, la première dans une charte de Thomas, comte du Perche, de l'année 1217, relative aux droits d'usage dans les forêts du Perche, concédés aux moines de Marmoutiers (1) ; la seconde dans une charte de 1245, contenue dans le cartulaire de l'abbaye de Silli-en-Gouffern.

Remarquons qu'entre l'*Erablais* et le *Rablais*, ce n'est qu'une question d'orthographe, appréciable seulement pour des lettrés. Quant à la prononciation. qui seule est à considérer, elle est absolument la même dans les deux cas. Les anomalies orthographiques du même genre sont d'ailleurs assez nombreuses dans notre vocabulaire. Pourquoi, par exemple, disons-nous *le Loriot*, tandis que régulièrement nous devrions dire l'*Auriol*, ce mot dérivant du latin *Aureolus*, littéralement « doré », merle jaune, d'où *Auriolus* ? Le mot lierre est dans le même cas. On devrait régulièrement écrire l'*hierre* ou plutôt la *hierre*, ce mot dérivant du latin *Hedera*. Dans les deux cas, l'article *le* s'est agglutiné avec le substantif, ce qui a donné naissance à des formes barbares telles que le *Loriot* et le *Lierre*, où les grammairiens distinguent une réduplication insolite de l'article. On a aussi plusieurs exemples de mots formés par le retranchement de la syllabe initiale (apocope) :

(1) Bry de la Clergerie, *Histoire des pays et comté du Perche et duché d'Alençon*, p. 217.

Le latin Amaracana a donné Marjolaine
          Apotheca   Boutique
          Adamantem   Diamant
          Unicornu   Licorne
L'espagnol Naranja   Orange

La transformation de l'Erablais en *le Rablais* n'a exigé, au contraire, ni retranchement ni addition d'aucune sorte : ce n'est qu'une simple variante orthographique, comme nos noms de lieux en fournissent tant d'exemples. Pourquoi une rue bien connue d'Alençon est-elle appelée, par les uns, rue *aux Sieurs*, par d'autres rue *aux Cieux* ? Je pourrais bien le dire, mais je réserve l'explication très-rationnelle que l'on en peut donner pour un travail spécial sur la topographie de l'ancien Alençon.

Maintenant, qu'un nom de lieu tel que le Rablais soit devenu un nom d'homme, c'est ce qui ne doit surprendre personne. Une grande partie des familles qui n'ont pas une origine bourgeoise, c'est-à-dire qui ne descendent pas de gens de métier, ont tiré leur nom de la terre où habitaient leurs ancêtres. Il en résulte que, dans beaucoup de cas, les noms des descendants de familles nobles et ceux des fils de paysans présentent une forme absolument semblable et que quelquefois il est impossible de distinguer, les premiers des seconds. Cette difficulté se rencontre surtout dans les anciens documents. On voit par là qu'au fond la question de la particule, à laquelle certaines familles paraissent attacher tant d'importance, ne peut souvent être résolue qu'en vertu d'une convention. Heureusement qu'à partir du xv⁰ siècle, un grand nombre de roturiers ont laissé tomber la particule et souvent même l'article qui accompagnait leur nom, dans l'origine, ce qui met hors de peine ceux qui s'occupent de la transcription des vieux titres.

Tel qui, au xv⁰ siècle, était Jean de la Ferrière, serait devenu dans les âges suivants, La Ferrière, puis Ferrière. Pour ne parler que des noms tirés des noms d'arbres tels que les suivants : de l'Aunai, de la Boulaie, de la Châtaigneraie, de la Chênaie, de la Coudraie ou le Coudrai, de la Foutelaie, de la Frênaie, de la Genevraie, de la Pommeraie, de l'Oseraie, de la Saulaie, etc., il est arrivé que la plupart de ceux qui portaient ces noms, sans y attacher d'ailleurs la moindre idée nobiliaire, ont trouvé bon, dans les âges suivants, de les abréger par le retranchement de l'article. M. la Chênaie est devenu M. *Chênaie*, la Foutelaie, *Foutelaie*, la Genevraie, *Genevraie*, etc. Rien de surprenant à ce que leur congénère le Rablais se soit abrégé de la même façon. Quant à l'auteur du Pantagruel lui-même il écrit son nom tantôt *Rabelaesius*, tantôt *Rablesius* ou *Rablesus*. D'où l'on conclut qu'il en ignorait lui-même l'origine. Son ami Salmon Macrin était d'avis d'écrire *Rablaesus*.

Inutile de parler des étymologies forgées à plaisir par les ennemis de Rabelais qui essayaient de démontrer que ce nom venait des deux mots latins *rabie* et *laesus*, d'où ils concluaient que le terrible satirique était évidemment mordu d'un chien enragé. Les amis de Rabelais répondirent à cette étymologie épigrammatique par deux mots tirés de l'arabe : *Rab*, « maître » et *lez*, « moqueur ». Entre ces mauvais calembours et l'étymologie rationelle indiquée ci-dessus, je pense qu'il est impossible d'hésiter. En tous cas, j'espère avoir bien mérité des véritables amis de Rabelais en essayant d'apporter un peu de lumière sur cette très petite question qui devient intéressante du moment qu'il s'agit d'un écrivain, regardé avec raison comme une des personnifications les plus puissantes de l'esprit français.

Alençon, imp. Marchand-Saillant.

www.ingramcontent.com/pod-product-compliance
Lightning Source LLC
Chambersburg PA
CBHW070659050426
42451CB00008B/431